AF313316

12 Décembre 1912 V

VENTE

Du Jeudi 12 Décembre 1912

HOTEL DROUOT, SALLE N° 1

A DEUX HEURES

TABLEAUX

ANCIENS ET MODERNES

AQUARELLES, DESSINS, PASTELS

GRAVURES

COMMISSAIRE-PRISEUR

Mᵉ HENRI BAUDOIN
Successeur de M. Paul CHEVALLIER

EXPERT

M. JULES FÉRAL

CATALOGUE

DE

TABLEAUX

ANCIENS ET MODERNES

Par, ou attribués à :

BREUGHEL, BRONZINO, COELLO, CRANACH, DAVID, DIETRICH
GRIMOUX, VAN HUYSUM, JEAURAT, LAGRENÉE
PETER LELY, MIGNARD, A. MORO, MORONI, NONOTTE, S. RUYSDAEL
TENIERS, VONCK, E. DE WITT, ETC.

BAUVERIE, C. BERNIER, DUEZ, TH. FRÈRE, GAGLIARDINI, V. GILBERT
HARPIGNIES, LAMBINET, J. OUVRIÉ, ETC.

ET DONT LA VENTE AURA LIEU A PARIS

HOTEL DROUOT, SALLE N° 1
LE JEUDI 12 DÉCEMBRE 1912

à deux heures

COMMISSAIRE-PRISEUR	EXPERT
M° HENRI BAUDOIN	**M. JULES FÉRAL**
Successeur de M. PAUL CHEVALLIER	7, rue Saint-Georges
10, rue Grange-Batelière	PARIS

EXPOSITION PUBLIQUE
Le Mercredi 11 Décembre 1912, de 1 h. 1/2 à 6 heures

CONDITIONS DE LA VENTE

Elle sera faite au comptant.

Les adjudicataires paieront DIX POUR CENT en sus des enchères.

Paris. — Imp. de l'Art, CH. BERGER, 41, rue de la Victoire.

DÉSIGNATION

AQUARELLES, DESSINS
PASTELS, GRAVURES

BENNER (Henri)

1 — *Collection de ving-quatre portraits de la Famille impériale de Russie.*

Gravures par Mécou, Johannot, etc.

BOUCHER (Attribué à François)

2 — *Portrait de Jeune Femme en buste.*

Dessin aux crayons de couleurs.

CARESME (D'après)
(deux pendants)

3-4 — *Guinguettes flamandes.*

Deux gravures en couleurs, par Mixelle.

CASANOVA Y ESTORACH

5 — *Un Prêtre.*

Dessin à la plume.

CHAPLIN (Ch.)

6 — *Portrait d'un Chasseur.*

Crayon noir. Signé et daté : *1862*.

CHARLET

7 — *Le Départ du soldat.*

Aquarelle. Signée à droite.

DAUMIER (Henri)

8 — *Don Quichotte et Sancho Pança.*

Dessin au lavis d'encre de Chine. Signé à gauche.

DELACROIX (Eugène)

9 — *Une Jeune Espagnole en costume de Manola.*

A gauche, le cachet de la Vente.
Aquarelle.

DELACROIX (Eugène)

10 à 17 — *Études de Figures et de Paysages.*

Huit dessins ou aquarelles portant le cachet de la Vente.

DE TROY (D'après)

18 à 21 — *Histoire d'Esther.*

Quatre gravures.

GALLAND

22 — *Étude d'Enfant.*

Dessin à la sanguine.

GRAVELOT (Hubert-François)

23 à 26 — *Bélisaire.*

Suite de quatre gravures.

HARPIGNIES (Henri)

27 — *Intérieur de Forêt.*

Dessin à la plume. Signé à gauche.

HELLOUIN

28 — *L'Etang dans la Forêt.*

Dessin au fusain.

HELLOUIN

29 — *Paysage vallonné avec figures.*

Dessin au fusain.

HUET (D'après J.-B.)

3o — *La Mort d'Adonis.*

Gravure, par Jubier.

KAUFFMANN (D'après ANGELICA)

31 — *Eléonore suce la blessure d'Edouard Ier, roi d'Angleterre.*

32 — *Elisabeth Grey suppliant Edouard IV.*

Deux gravures, par Mlle BARBUILLE.

LANÇON (ANDRÉ)

33 — *Cosaques en tirailleurs.*

Dessin à la plume.

LANÇON (ANDRÉ)

34 — *Infirmerie dans une Eglise.*

Dessin à la plume.

LANÇON (ANDRÉ)

35 — *Vue de Londres.*

Dessin à la plume.

LEGROS (ALPHONSE)

36 — *La Fillette à la poupée.*

Dessin au crayon noir.

LE PRINCE (JEAN-BAPTISTE)

37 à 39 — *Voyage de l'Abbé de Saint Non en Italie.*

Trois gravures,

PAROY (Le Comte de)

40 — *La Caverne des brigands.*
Gravure en couleurs.

PAÏEL (Pierre)

41 — *Femme ermite.*
Gouache. Cadre en bois sculpté.

POUSSIN (École de Nicolas)

42 — *Paysage avec rochers et figures.*
Dessin à la plume.

PRODOSCINI

43 — *Scène biblique.*
Enluminure.

PRUD'HON (D'après)

44 — *Le Souvenir.*
Dessin au crayon noir et à l'estompe.

ULMANN (Benjamin)

45 — *Rochers au bord de la mer.*
Aquarelle.

VEYRASSAT

46 — *Chevaux de trait.*
Dessin au crayon noir.

YVON (Adolphe)
(DEUX PENDANTS)

47-48 — *Études de soldats.*

Dessins au crayon noir.

WATTEAU (Louis)

49 — *Intérieur flamand.*

Sanguine.

ÉCOLE ANGLAISE

5o — Gravure à la manière noire.

ÉCOLE FRANÇAISE (xviiie siècle)

5 i — *La Jeune Femme au manchon.*

Pastel.

ÉCOLE FRANÇAISE (xviiie siècle)

5 2 — *Portrait de Jeune Femme en buste.*

Pastel de forme ovale.

ÉCOLE FRANÇAISE

53 à 55 — *Ornements et Architecture.*

Huit dessins.

ÉCOLE FRANÇAISE

56 — *Gravures d'architecture.*

    Vingt pièces.

57 à 62 — Gravures et dessins, par AUDOIN, DEVERIA, DREVET, EDELINCK, FLIPART, MASSÉ.

63-64 — *Portraits de Dazincourt et de Michot, de la Galerie théâtrale.*

    Deux gravures.

65 à 67 — *Uniformes français et anglais.*

    Trois gravures.

TABLEAUX MODERNES

BARON (Attribué à)

68 — *Personnages sur une terrasse.*

BAUVERIE

69 — *Entrée de ville ; effet de neige.*

BERNIER (Camille)

70 — *Ferme en Bannalec.*
Signé à droite.

CHARPENTIER (Eugène)

71 — *Cuirassiers sur une route.*

DAUMIER (Attribué à H.)

72 — *Bouderie.*
Peinture sur papier.

DUEZ (E.)

73 — *Souvenir de 1870.*

DUPUIS (Pierre)

74 — *La Lecture.*

DUPUIS (Pierre)

75 — *Aux Champs.*

DUVIEU

76 — *Vue de Venise.*

FORET (Paul)

77 — *Une Galerie d'objets d'art.*

FRÈRE (Théodore)

78 — *L'Oasis.*

Signé à gauche.

GAGNERY (Jean)

79 — *Une Galerie d'armes.*

Signé et daté : *1842.*

GAGLIARDINI

80 — *Entrée d'une villa italieune.*

Signé et daté : *1876.*

GILBERT (Victor)

81 — *La Blanchisseuse.*

GOUNIN (H.)

82 — *Cour de ferme.*

HARPIGNIES (Henri)

83 — *Paysage accidenté.*

Signé et daté : *1877.*

J. F. M. (Signé)

84 — *Prairie à l'entrée d'un bois.*

LAMBINET (Emile)

85 — *Un Chemin sous bois.*

A droite, le cachet de la Vente.

LAZERGES (Hippolyte)

86 — *La Vierge et l'Enfant Jésus.*

Signé et daté : *1850.*

LEDIEU (Philippe)

87 — *Chasse au sanglier.*

Signé et daté : *1856.*

MASRIERA

88 — *Le Modèle à l'atelier.*

MORALÈS (Ruis)

89 — *Taureau dans un patio.*

MURATON (Mme EUPHÉMIE)

90 — *Au jardin.*

MURATON (Mme EUPHÉMIE)

91 — *Attendant le départ.*

OCHOA

92 — *Jeune Fille en buste.*
    Signé à droite.

OUVRIÉ (JUSTIN)

93 — *Village au bord d'un lac italien.*

PORION (CHARLES)

94 — *L'Escorte du dey.*

ÉCOLE MODERNE

95 — *Portrait d'Homme en buste, habit noir.*

TABLEAUX ANCIENS

BELLE (Attribué à Simon)

96 — *Portrait de Femme en robe de brocart
rouge et manteau noir garni de fourrure.*

BOUCHER (D'après)

97 — *La Femme au manchon.*

BREUGHEL LE VIEUX (École de)

98 — *Scènes grotesques.*

BREUGHEL (École de)

99 — *Les Œuvres de Miséricorde.*

BREYDEL

100 — *Combat de cavaliers.*
Signé à gauche.

BRONZINO (École du)

101 — *Jeune Femme en buste, corsage rose.*

COELLO (École de)

102 — *Portrait de Femme à collerette.*

CORRÈGE (École du)

103 — *Cléopâtre.*

CRANACH (Lucas) LE JEUNE

104 — *La Charité.*

DAVID (École de)

105 — *Le Sculpteur antique.*
Grisaille sur fond bleu.

DIETRICH

106 — *Paysage avec ermite.*

DROUAIS (D'après)

107 — *Portrait de Mme de Pompadour.*
Toile de forme ovale.

FRANCART (École française, XVIIIe siècle)

108 — *Portrait de Femme.*

GOYA (Attribué à)

109 — *Cérémonie dans une église espagnole.*

GRIMOUX (Jean-Alexis)

110 — *Portrait de Jeune Femme en pèlerine.*

GUIDE (Ecole du)

111 — *Buste de Jeune Femme.*

HAUDEBOURG-LESCOT (Attribués à Mme)
(DEUX PENDANTS)

112-113 — *Scènes d'intérieur.*

HELMONT (MATHIEU VAN)

114 — *La Ménagère hollandaise.*

HUYSMANS (Attribué à)

115 — *Le Chemin creux.*

HUYSUM (JEAN VAN)

116 — *Paysage à l'entrée d'une ville fortifiée.*
Signé en toutes lettres.

HUYSUM (École de VAN)
(DEUX PENDANTS)

117-118 — *Vases de fleurs.*

JEAURAT (ETIENNE)

119 — *La Visite opportune.*

LAGRENÉE (JEAN-FRANÇOIS)

120 — *Sujet mythologique.*

LEGRAND DE SAINT-AUBIN (Mlle Amélie)

121 — *Villageois italiens.*

LÉLY (Sir Peter)

122 — *Portrait de Femme en robe bleue.*

MARATTA (Attribué à Carlo)

123 — *La Femme au paon.*

MIEL (Jean)

124 — *Paysans italiens.*

MIGNARD (École de)

125 — *Portrait de Femme assise, en corsage rouge.*

Toile de forme ovale.

MIGNARD (École de)

126 — *La Femme aux fruits.*

MIGNARD (École de)

127 — *La Femme à l'écran.*

MORO (Attribué à Antonio)

128 — *Portrait d'une Princesse.*

MORONI (Genre de)

129 — *Portrait d'Homme en pied.*

MOSTAERT (?)

130 — *La Procession.*
Signé.

NONNOTTE (Donat)

131 — *Portrait d'Homme en robe de chambre*

OSTADE (Attribué à Van)

132 — *Intérieur villageois.*

ROSLIN (Attribué à Alexandre)

133 — *Portrait d'un Gentilhomme, couvert d'un manteau jaune.*

RUBENS (Genre de)

134 — *L'Éducation de la Vierge.*

RUISDAEL (Salomon)

135 — *Pêcheurs en rivière.*

SWAGERS

136 — *Paysage avec cours d'eau, figure et animaux.*
Signé à droite.

TENIERS (Attribué à DAVID)

137. — *Le Chirurgien de village.*

TENIERS (École de DAVID)

138 — *Intérieur de boucherie.*

VALLAYER-COSTER (Mme ANNE)

139 — *Un Panier de pêches.*

VIEN (École de)

140 — *Vénus sur les eaux.*

VONCK (ÉLIAS)

141 — *Gibier de plume.*

WERF (Attribué à VAN DER)

142 — *Vertumne et Pomone.*

WITT (EMMANUEL DE)

143 — *Intérieur d'Église.*

ÉCOLE ALLEMANDE

144 — *Portrait d'un Gentilhomme en habit rouge.*

ÉCOLE FLAMANDE

145 — *Portrait d'Homme en vêtement rouge, bordé de fourrure.*

ÉCOLE DE FONTAINEBLEAU

146 — *Sujet allégorique.*
Peinture en grisaille.

ÉCOLE FRANÇAISE (xvie siècle)

147 — *Portrait de Jeune Femme en corsage noir avec nœud de ruban rose.*

ÉCOLE FRANÇAISE (xviiie siècle)

148 — *Réunion dans un parc.*

ÉCOLE FRANÇAISE (xviiie siècle)
(DEUX PENDANTS)

149 — *L'Embarcadère.*
Toile. Haut., 53 cent.; larg., 1 m. 57 cent.

150 — *Bergers et animaux.*
Toile. Haut., 53 cent.; larg., 1 m. 41 cent.

ÉCOLE FRANÇAISE (xviiie siècle)

151 — *Portrait d'Homme en habit brun à col rouge.*
On lit derrière la toile: *Soufflot, architecte, peint à Rome, 1777.*

ÉCOLE FRANÇAISE (xviiie siècle)

152 — *Portrait de Femme en pèlerine.*

ÉCOLE FRANÇAISE
(Commencement du xixe siècle)

153 — *La Jeune Mère.*

A gauche, le monogramme : *A. R.*

ÉCOLE FRANÇAISE

154 — *La Femme à l'éventail.*

ÉCOLE FRANÇAISE

155 — *Fruits, gibier et objets divers.*

ÉCOLE FRANÇAISE

156 — *Portrait de Femme en robe blanche.*

ÉCOLE ITALIENNE (xviiie siècle)

157 — *Mars et Vénus.*

Cadre en bois sculpté.

ÉCOLE ITALIENNE

158 — *Nymphes et Satyre.*

ÉCOLE ITALIENNE

159 — *La Vierge, l'Enfant Jésus et Saint Jean.*

ÉCOLE ITALIENNE

160 — *La Basse-cour.*

ÉCOLE ITALIENNE

161 — *La Vierge et l'Enfant Jésus.*

Grande toile cintrée dans la partie supérieure.

ÉCOLE NÉERLANDAISE (xvie siècle)

162 — *La Vierge, l'Enfant Jésus et Sainte Elisabeth.*

ÉCOLE VÉNITIENNE

163 — *Portrait d'Homme en vêtement noir.*

164 — Sous ce numéro, qui sera divisé, seront vendus des Dessins et Tableaux non catalogués.

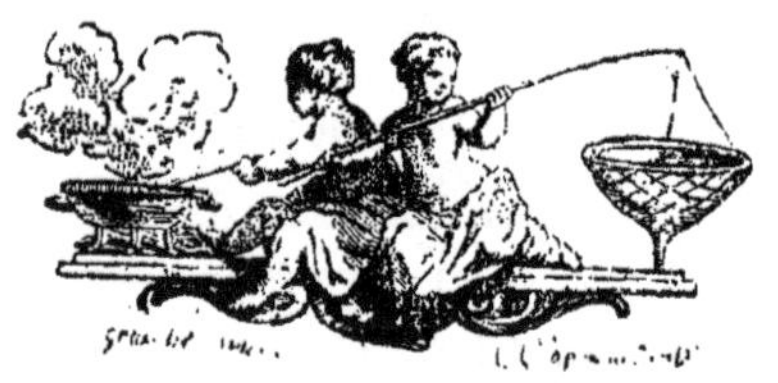